AURICULA MERETRICULA
Revised Edition

AURICULA MERETRICULA
Revised Edition

Mary Whitlock Blundell

Ann Cumming

focus an imprint of
Hackett Publishing Company, Inc.
Indianapolis/Cambridge

THE FOCUS CLASSICAL LIBRARY
Series Editors • James Clauss and Stephen Esposito

Aristophanes: Acharnians • Jeffrey Henderson
Aristophanes: The Birds • Jeffrey Henderson
Aristophanes: Clouds • Jeffrey Henderson
Aristophanes: Frogs • Henderson
Aristophanes: Lysistrata • Jeffrey Henderson
Aristophanes: Three Comedies: Acharnians, Lysistrata, Clouds • Jeffrey Henderson
Euripides: The Bacchae • Stephen Esposito
Euripides: Four Plays: Medea, Hippolytus, Heracles, Bacchae • Stephen Esposito, ed.
Euripides: Hecuba • Robin Mitchell-Boyask
Euripides: Heracles • Michael R. Halleran
Euripides: Hippolytus • Michael R. Halleran
Euripides: Medea • Anthony Podlecki
Euripides: The Trojan Women • Diskin Clay
Golden Verses: Poetry of the Augustan Age • Paul T. Alessi
Golden Prose in the Age of Augustus • Paul T. Alessi
Hesiod: Theogony • Richard Caldwell
Hesiod: Theogony & Works and Days • Stephanie Nelson
The Homeric Hymns • Susan Shelmerdine
Ovid: Metamorphoses • Z. Philip Ambrose
Plautus: Captivi, Amphitryon, Casina, Pseudolus • David Christenson
Roman Lives • Brian K. Harvey
Sophocles: Antigone • Ruby Blondell
Sophocles: Electra • Hanna M. Roisman
Sophocles: King Oidipous • Ruby Blondell
Sophocles: Oidipous at Colonus • Ruby Blondell
Sophocles: Philoktetes • Seth Schein
Sophocles: The Theban Plays • Ruby Blondell
Terence: Brothers (Adelphoe) • Charles Mercier
Vergil: The Aeneid • Richard Caldwell

Illustrations: Annette LeBlanc Cate

Revised Edition Copyright 1993 © Ann Cumming and Mary Whitlock Blundell

Focus an imprint of
Hackett Publishing Company

For further information, please address
Hackett Publishing Company, Inc.
P.O. Box 44937
Indianapolis, Indiana 46244-0937

www.hackettpublishing.com

20 19 18 17   12 13 14 15 16

ISBN-13: 978-0-941051-35-4

To all those who have learned from Auricula

TABLE OF CONTENTS

9   Introduction

15   I: In which Auricula, our heroine, explains to Ballio, her pimp, that she loves a penniless poet; Ballio is not amused.

17   II: In which Auricula laments her fate; her lover, Marcus, tries to console her by protestations of true love.

19   III: In which Ballio rudely interrupts the lovers; Pseudolus, Marcus' slave, tries to intimidate the pimp, but he remains unperturbed.

23   IV: In which Pseudolus, after promising to save his hapless master, turns in despair to Dolia, his girlfriend; Dolia takes charge.

27   V: In which Laurina, a woman of the world, explains to Auricula that true loves does not pay, and expounds her own philosophy.

31   VI: In which Pugnax, a soldier, comes to claim Auricula; Edax, a parasite, explains his profession and puts it into practice.

35   VII: In which Dolia, through an ingenious stratagem, ensnares the soldier and smooths the path of true love.

37   VIII: In which Silex, the father of Marcus, announces his son's impending marriage; Marcus protests that he loves another, but to no avail.

41   IX: In which Malacus, a rich old man, visits the brothel and makes a surprising discovery.

45   X: In which a drunken Malacus consoles Ballio for his financial losses by inviting him to a feast.

48   Allusions to Ancient Works

52   Vocabulary

INTRODUCTION

AURICULA IS NOW TWELVE YEARS OLD. She has come far since the days when, as teaching assistants at the University of California at Berkeley, we first sketched out a few scenes to delight and instruct our first-year Latin students. Those scenes resulted from the need we both felt for some easy yet lively reading material to supplement the textbook during the first few months. In these early stages, ignorance of the subjunctive and other syntactic complexities is usually a barrier to tackling passages of "real" Latin. Moreover the study of elementary grammar can be dry and bewildering for the beginning student. We therefore aimed to provide simple connected reading which was also entertaining, could easily be performed by the students, and provided a foretaste of Roman comedy and love elegy.

This play was the eventual outcome. Although it is loosely based on themes and quotations from ancient authors, it is dependent on none, and soon took on a life of its own. We are, of course, most indebted to Plautus and Terence, but have also exploited the natural relationship of love elegy to comedy, and in general plagiarized freely as we thought fit. For those who are curious about our sources, there is a list of the more explicit allusions to ancient authors at the back of the book. The pictures were inspired by medieval miniatures illustrating the mss. of Terence, which may be found in L.W. Jones and C.R. Morey, *The Miniatures of the Manuscripts of Terence Prior to the Thirteenth Century* (2 volumes, Princeton 1930-31). They were drawn especially for this new edition by Annette LeBlanc Cate.

Auricula was an instant hit with our students and fellow teaching assistants. We therefore decided to bring her to a wider audience, which we succeeded in doing with the help of a Grant for the Improvement of Teaching from the Committee on Teaching at the University of California at Berkeley. Response to the publication of the first edition in 1981 was enthusiastic, and garnered Auricula a gratifying number of admirers. Our readers also offered several of suggestions and helpful comments, which inspired us to produce this revised edition. Some teachers, for example, thought the play was burdened with an excessive amount of unfamiliar vocabulary. We have therefore tried in the new edition to trim away many unnecessary words, without sacrificing the spirit of the original. Even with the addition of an extra scene, the number of facing-page vocabulary items has now been reduced by about 10% Though the vocabulary is still broader than that of the average textbook, most of the words are either basic Latin or else transparent in meaning (e.g. *fraudulentus, tempestas, avaritia*). The format, with new entries facing each scene, enables students to prepare the scenes with ease or read them at sight.

The second and most significant change has been an alteration of the plot to accommodate two new characters, a male and a female slave. The absence of a crafty slave from the original *Auricula* was a significant defect, which we have remedied by providing two of them. At the same time this enabled us to add another strong female role. All the characters, both male and female, still embody the conventions and stereotypes of Roman drama and Latin literature generally. (A partial exception to this is the role of Auricula herself, since the marriageable virgin of Roman comedy does not normally have a speaking role. But the virginal heroines of the ancient novel do play an active part in resolving the plot.) The gender stereotypes are sometimes disturbing to students, but the play can provide an avenue to the fruitful discussion of such issues, which will inevitably emerge in the later study of Latin literature.

The play consists of ten scenes of gradually increasing difficulty, roughly corresponding to the material usually covered in the first few months of a first-year college Latin course. Grammatical constructions are introduced in the order in which they appear in *Wheelock's Latin Grammar*, by F.M. Wheelock (4th Edition Revised: New York 1992). The play stops at Chapter 24, just before the introduction of indirect discourse and the subjunctive—the hurdles most likely to bar the way to reading "real" Latin. The vocabulary lists facing each scene contain words not yet encountered in Wheelock, but for students using a different textbook, there is a complete vocabulary at the back of the book. *Auricula* was first written to accompany Wheelock, but has since been used successfully, by ourselves and others, with many different textbooks (including Jenney, Moreland and Fleischer, and Michigan's *Latin for Charting*), and in no way requires the use of Wheelock.

We suggest that students prepare each scene at home. Alternatively, the play may be read at sight, or parts may be assigned to individual students in advance. They can take parts in class, first translating and then reading or acting them out in Latin. Dramatic reading is especially recommended because it provides an opportunity for the display of talents other than philological, keeps students aware of the fact that Latin was a spoken language, and helps to create a lively cooperative class atmosphere. Teachers may supply background information on Roman comedy at their own discretion. Students usually appreciate a brief introduction to the conventional themes and characters of New Comedy, of which the play provides a fairly typical sample. (A short bibliography will be found at the end of this introduction.) When the whole play has been read scene by scene, we strongly recommend a complete performance. All that is needed by way of set is some indication of two doors (for the houses of Ballio and Malacus) and one or more entry–ways for the arrival of Pugnax and Marcus (from the city) and Silex (from the country). In our days at Berkeley we produced the play alfresco several times during the intensive summer Latin Workshop, where it provided much-needed comic relief. We have seen or heard about numerous other successful performances, ranging from impromptu dramatic readings to polished public productions complete with elaborate costumes and sets. Actors have likewise varied from twelve-year-old children to college drama majors.

We are happy to reiterate here our thanks to the Committee on Teaching at the University of California at Berkeley, whose award in 1980 helped to get the initial project off the ground, and to those who lent their talents to the first edition, in particular W.S. Anderson, Jim Andrews, John Dillon, Mark Griffith and Garth Tissol. In the course of preparing this revised edition, we have again benefited from the assistance of friends and colleagues, especially Jim Andrews, James J. Clauss, Michael Dewar, Sallie Goetsch, Alain Gowing, Michael Halleran, Kevin Newman, and Garth Tissol.

Mary Whitlock Blundell

Ann Cumming

Further Reading

Arnott, W.G. *Menander, Plautus, Terence, Greece and Rome New Surveys in the Classics* no. 9 (Oxford 1975) [useful introduction with bibliography]

Bieber, M. *The History of the Greek and Roman Theatre* (2nd ed. Princeton 1961) [dated text, but lots of interesting pictures]

Duckworth, G.E. *The Nature of Roman Comedy* (Princeton 1952) [thorough survey of the genre]

Goldberg, S.M. *Understanding Terence* (Princeton 1986) [the only recent introductory book on Terence]

Gratwick, A.S. "Drama," *Cambridge History of Classical Literature II: Latin Literature*, ed. E.J. Kenney (Cambridge 1982) 77-137 [a short but helpful introduction]

Konstan, D. *Roman Comedy* (Ithaca 1983) [Roman comedy in its social context]

MacCarey, W.T. and M.M. Willcock, *Plautus: Casina* (Cambridge 1976) [excellent annotated edition of one of Plautus' plays in Latin]

Martin, R.H. *Terence: Adelphoe* (Cambridge 1976) [excellent annotated edition of one of Terence's plays in Latin]

Sandbach, F.H. *The Comic Theatre of Greece and Rome* (London 1977) [an elementary introduction]

Segal, E. *Roman Laughter* (Cambridge, MA 1968) [Plautine comedy as a "Saturnalian" inversion of social conventions]

Slater, N.W. *Plautus in Performance: The Theatre of the Mind* (Princeton 1985) [a metatheatrical approach to Plautus]

BALLIO LENO
AURICULA MERETRICULA
MARCUS ADULESCENS
PSEUDOLUS SERVUS
DOLIA SERVA
LAURINA LENA
PUGNAX MILES
EDAX PARASITUS
SILEX SENEX
MALACUS SENEX

dīcō, -ere, dīxī, dictum: *say*
heu (exclam.): *alas!*
hodiē (adv.): *today*
lēnō, -ōnis (m.): *pimp*
lepidus, -a, -um: *charming*
meretrīx, -īcis (f.): *prostitute*
meus, -a, -um: *my*
mihi (dat. of ego: *I*): *to me, for me*
miser, -era, -erum: *miserable, wretched*

nam (conj.): *for*
poēta, –ae (m.): *poet*
praeclārus, -a, -um: *famous, exceptional*
quid (neut. acc. sing. interrog. pron.): *what*
rārus, -a, -um: *rare*
rosa, -ae: *rose*
sānus, -a, -um: *healthy, sane*
tibi: (dat. of tū: *you*): *to you, for you*
volō (1): *fly*

BALLIO LENO
AURICULA MERETRIX

BALLIO: Multamne pecūniam mihi hodiē habēs, Auricula mea?

AURICULA: Heu misera sum! Nam poētam lepidum amō, sed poētae pecūniam nōn habent.

BALLIO: Quid igitur tibi dat? Nihilne dat?

AURICULA: Pecūniam mihi nōn dat...

BALLIO: Quid dīcis? Satisne sāna es?

AURICULA: Sed rosās pulchrās saepe mihi dat.

BALLIO: Rosae rārae nōn sunt.

AURICULA: Sed poētae rārī sunt. Meus mē amat, et multa pulchra dē mē scrībit. Praeclāra igitur erō.

BALLIO: Fāma amorque nōn valent sed volant.

(Exit Balliō.)

adulēscēns, -entis (m.): *young man*

bāsium, -iī *kiss*

carmen, -inis (n.): *song, poem*

centum (indecl.): *a hundred*

columba, -ae: *dove*

deinde (conj.): *then, next*

dēsinō, -ere, dēsiī, dēsitum: *stop*

domina, -ae: *mistress* (of a household),
    slave–mistress

dominus, -ī: *master* (of a household),
    slave–master

ecce (exclam.): *look!*

immō (adv.): *on the contrary*

intrō (1): *enter*

lepus, -oris (m.): *hare, bunny–rabbit*

lupus, -ī: *wolf*

mellilla, -ae (from mel, mellis): *little honey*

mī (voc. of meus): *my*

mille (indecl.): *a thousand*

passer, -eris (m.): *small bird, sparrow*

perditē (adv.): *desperately*

perdō, -ere, perdidī, perditum: *destroy, lose*

plūs quam: *more than*

rogō (1): *ask (for)*

servus, -ī: *slave* (male)

tē (acc. or abl. of tū): *you* (sing.)

vēlōciter (adv.): *quickly*

vērē (adv.): *truly*

vērus, -a, -um: *true*

voluptās, -tātis (f.): *pleasure, delight*

16

AURICULA MERETRIX
MARCUS ADULESCENS
PSEUDOLUS SERVUS

AURICULA: Heu misera sum! Quid faciam? Iste pecūniam semper rogat. Sed ecce Marcus amīcus meus venit.

(Intrat Marcus cum Pseudolō servō.)

MARCUS: Mea Auricula, mea vīta, mea mellilla, mea voluptās, mī passer, mea columba, mī lepus, perditē tē amō!

PSEUDOLUS: (Immō perdit tē amor, mī puer. Illa enim mellilla leporem lepidum cēpit.)

MARCUS: Auricula mea! Dā mihi bāsia mille, deinde centum, deinde…

AURICULA: Quid facis? Dēsine!

PSEUDOLUS: (Heu! Dominus meus dominam invēnit.)

MARCUS: Quid? Mēne nōn amās?

AURICULA: Ō mī anime, plūs quam oculōs meōs tē amō. Sed iste Balliō tē nōn amat; nūllum enim poētam amat; amat sōlam pecūniam.

MARCUS: Stultus est. Carmina plūs quam pecūnia valent. Nam carmina semper manēbunt sed pecūnia volābit.

PSEUDOLUS: (Pecūnia tua vērē volat vēlōciter ad columbam tuam, mī passer.)

AURICULA: Vēra dīcis, mī Marce; sed iste Balliō lupus est, nōn lepus. Quid igitur facere dēbeō?

MARCUS: Bāsium mihi dare dēbēs! *(Multa bāsia dant.)*

(Intrat Balliō.)

ā, ab (prep. + abl.): *from, by*

accipiō, -ere, accēpī, acceptum: *take, accept*

bēstia, -ae: *beast*

caenum, -ī: *filth, slime*

differō, differre, distulī, dīlātum: *tear apart, defame*

cupiditās, -tātis (f.): *desire, avarice*

edō, -ere, ēdi, ēsum: *eat*

fraudulentus, -a, -um: *fraudulent, cheating*

fugitīvus, -ī: *runaway slave*

fūr, fūris (m. or f.): *thief*

furcifer, erī: *jail-bird, crook* (one punished with the furca or "yoke")

grātīs (adv.): *for free, for nothing*

grātus, -a, -um: *pleasing*

impudīcus, -a, -um: *shameless*

līlium, -iī: *lily*

māter, –tris (f.): *mother*

meretrīcula, -ae (from meretrīx, –īcis): *little whore*

mīles, -itis (m.): *soldier*

obscēnus, -a, -um: *disgusting, filthy, obscene*

occīdō, -ere, occīdī, occīsum: *kill*

parēns, -entis (m. or f.): *parent*

parricīda, -ae: *parricide*

pater, -tris (m.): *father*

pergō, -ere, -perrēxī, perrēctum: *continue, go on*

periūrus, -a, -um: *oath-breaking, lying*

perniciēs, -ēī (f. 5th decl.): *destruction, ruin*

prō (prep. + abl.): *on behalf of, in return for*

quantus, -a, -um: *how much*

quoque (adv.): *too, also*

rādīx, -īcis (f.): *root*

scelestus, -a, -um: *wicked*

sollicitō (1): *disturb, bother*

spargō, -ere, sparsī, sparsum: *scatter, sprinkle with* (+ abl.)

taceō, -ēre, tacuī, tacitum: *be quiet*

verberō (1): *whip*

BALLIO LENO
AURICULA MERETRIX
MARCUS ADULESCENS
PSEUDOLUS SERVUS

BALLIO: Quid facitis? Quantam pecūniam tibi dedit, Auricula?

AURICULA: Nūllam.

BALLIO: Nūllam? Grātīs numquam bāsia dare dēbēs!

AURICULA: Sed bāsia illīus grāta mihi sunt. Pecūniam prō bāsiīs ego numquam accipiam.

BALLIO: Ego autem pecūniam accēpī prō bāsiīs tuīs hodiē ā mīlite magnō.

MARCUS: Miser sum! Quid faciam?

PSEUDOLUS: Quid tē sollicitat, domine? Nunc ego istum differam verbīs meīs. Lēnōnem obscēnum vēlōciter vincam. Fugisne, Balliō bēstia? Scelestus es, impudīce!

BALLIO: Vēra dīcis.

PSEUDOLUS: Furcifer!

BALLIO: Perge.

PSEUDOLUS: Periūre! Parricīda!

BALLIO: Sunt mea ista.

PSEUDOLUS: Perniciēs adulēscentium!

BALLIO: Līlia mihi dās.

PSEUDOLUS: Fūr! Fugitīve! Fraudulente!

BALLIO: Rosīs mē spargis.

PSEUDOLUS: Obscēne! Caenum! Lēnō!

BALLIO: Hahahae!

PSEUDOLUS: Verberāvistī patrem tuum mātremque!

BALLIO: Et īdem occīdī. Errāvīne? Parentēs cārī sunt.

PSEUDOLUS
SERVUS

BALLIO
LENO

AURICULA
MERETRIX

MARCUS
ADULESCENS

MARCUS: Rādīx malōrum est cupiditās.

BALLIO: Sed ista meretrīcula carmina edere nōn potest. Fuge nunc, sī vītam amās. Nam sī tē cum eā invēnerō, tē quoque occīdam.

AURICULA: Ego misera sum!

BALLIO: Tacē, scelesta! Labor nōs vocat. Venī mēcum, meretrīx fraudulenta!

(Exit Balliō cum Auriculā.)

adiuvō, -āre, adiūvī, adiūtum: *help*

amātōr, -ōris (m.): *lover*

amīca, -ae: *friend* (female), *girlfriend*

callidus, -a, -um: *clever, crafty*

celeritās, -tātis (f.): *speed*

cōnsilium, -iī: *advice, plan*; cōnsilium
  capere: *make a plan*

crās (adv.): *tomorrow*

cūr (adv.): *why*

dēlectō (1): *delight*

emō, -ere, ēmī, emptum: *buy* fābulae (pl. of
  fābula, -ae: *story, play): nonsense!*

factum, -ī: *deed*

lacrimō (1): *cry, weep*

maximē (adv.): *most of all, especially*

nāvigō (1): *sail*

nisi: *if… not, unless*

nox, noctis (f.): *night*

serva, -ae: *slave* (female)

Sicilia, -ae: *Sicily*

statim (adv.): *at once, immediately*

verbum, -ī: *word*

MARCUS ADULESCENS
PSEUDOLUS SERVUS
DOLIA SERVA

MARCUS: Miser sum!

PSEUDOLUS: Cūr lacrimās, domine? Vīvēs.

MARCUS: Vērē vīvēbam dum Auricula erat mea. Sed nunc vīta mea mors est. Mīles enim scelestus puellam meam ab istō Balliōne ēmit, et paucīs hōrīs ad Siciliam cum eā nāvigābit.

PSEUDOLUS: Cūr haec tē cūra sollicitat? Semper sapientiā meā tē servāvī. Hodiē quoque tē servābō.

MARCUS: Hodiē artēs tuae nōn valēbunt.

PSEUDOLUS: Fābulae! Saepe nihil cōgitās. Ego cōnsilium callidum cum celeritāte capiam.

(Intrat Dolia serva.)

Ecce amīca mea Dolia venit. Valē poēta! Scrībe ista tua carmina dē amōre. Mihi facta plūs quam verba valent, plūs quam carmina bāsia.

(Pseudolus et Dolia multa bāsia dant.)

MARCUS: Mē occīditis bāsiīs vestrīs!

PSEUDOLUS: Fuge nunc, amātōr! Nōs sollicitās.

(Exit Marcus.)

PSEUDOLUS: Quid faciam, Dolia mea? Mīles dīves amīcam dominī nostrī trāns mare statim dūcet. Ego multa dē sapientiā meā dominō dīxī. Sed verba quid valent? Ille mē prō verbīs verberābit, nisi eum factīs servāverō. Adiūvā mē!

DOLIA: Nihil cum ratiōne agis. Quantam pecūniam habet ille mīles?

PSEUDOLUS: Multam pecūniam, sapientiam nūllam.

DOLIA: Hahahae! Hic mē maximē dēlectat! Bonum animum
habē, mī Pseudole. Nam sapientia mea vōs servābit.
Age age! Dūc mē ad mīlitem meum!

(Exit Dolia cum Pseudolō.)

amārus, -a, -um: *bitter*

anīlis, –e: *old* (used of women)

capillī, -ōrum (m. pl.): *hair*

carpō, -ere, carpsī, carptum: *seize, pluck, make the most of*

castus, -a, -um: *chaste*

cēlō (1): *hide*

certus, -a, -um: *certain, sure, reliable*

dēsīderō (1): *want, desire*

diem (m. 5th decl. acc. sing.): *day*

dīves, –itis: *rich*

ēbrius, -a, -um: *drunk*

ēmeritus, -a, -um: *retired*

ēripiō, -ere, ēripuī, ēreptum: *tear out*

fidēlis, -e: *faithful*

lēna, -ae: *procuress, madame*

lūdō, -ere, lūsī, lūsum: *play*

mortālis, -e: *mortal*

mox (adv.): *soon*

ornō (1): *equip, adorn, dress up*

parasītus, -ī: *sycophant, hanger-on*

perfidiōsus, -a, -um: *treacherous*

permultus, -a, -um: *very much, very many*

praeter (prep. + acc.): *besides*

pudīcitia, -ae: *chastity*

pulchrē (adv.): *beautifully, finely*

quam (fem. acc. sing. rel. pron.): *whom*

quārē (adv.): *why*

quī (masc. nom. sing. rel. pron.): *who*

sīc (adv.): *thus, like this*

tum (adv.): *then*

vīnum, -ī: *wine*

vir, virī: *man, husband*

vulnus, -eris (n.): *wound*

MARCUS ADULESCENS
LAURINA LENA
AURICULA MERETRIX

MARCUS: Quid scrībam dē amōre meō?

"Nōn amō tē, Balliō, et possum dīcere quārē…"

Ecce Auricula mea cum lēnā ēbriā venit. Quid dīcunt?
Mē cēlābō et audiam.

(Marcus sē cēlat; intrant Laurina et Auricula.)

LAURINA: Cūr misera es, mellilla mea? Cūr lacrimās?

AURICULA: Poētam amō.

LAURINA: Stulta es. Quid enim praeter carmina dat tibi iste
tuus poēta? Pecūniam semper rogāre dēbēs: pecūniā
enim certa est, amor autem perfidiōsus. Amārum, ō
Auricula, est amāre.

MARCUS: (Heu! Quid dīcit illa perfidiōsa? Oculōs istīus
capillōsque ēripiam!)

AURICULA: Cūr haec dīcis?

LAURINA: Meretrīx ēmerita sum. Multōs, permultōs amātōrēs
habuī, sed nūllum fidēlem. Nunc anīlis sum, sed dīves.
Mox tū quoque anīlis eris; tum pecūnia plūs quam
pudīcitia valēbit, plūs quam virtūs vīnum. Carpe diem,
nam tempus fugit.

MARCUS: (Tū carpe viam, lēna obscēna!)

AURICULA: Quid dīcis? Casta sum.

LAURINA: Casta est ea quam nēmō rogāvit. Lūde dum
pulchra es, puella mea.

AURICULA: Sed ego virum dēsīderō.

LAURINA LENA   AURICULA MERETRIX   MARCUS
                                         ADULESCENS

LAURINA: Multōs virōs habēre potes: ūnum hodiē, alium nocte, alium crās. Nihil sine magnō labōre vīta mortālibus dat. Venī mēcum, et tē pulchrē ornābō. Sīc mīlitem maximē dēlectābis.

(Exeunt Laurīna et Auricula.)

MARCUS: Immō ego tē pulchrē ornābō vulneribus, scelesta! Sīc tū mē maximē dēlectābis. Sed ecce mīles cum parasītō vēnit. Quid dicunt? Mē cēlābō et audiam.

(Marcus sē cēlat; intrant Pugnāx mīles et Edāx parasītus.)

āla, -ae: *wing, armpit*

apud (prep. + acc.): *among, at the house of*

aqua, -ae: *water*

cēna, -ae: *dinner*

cibus, -ī: *food*

color, -ōris (m.): *color, complexion*

corrumpō, -ere, corrūpī, corruptum:
  corrupt

flōs, flōris (m.): *flower*

fortūnātus, -a, -um: *fortunate*

glōriōsus, -a, -um: *glorious, boastful*

hircus, -ī: *billy-goat*

hirsūtus, -a, -um: *hairy*

īnfīnītus, -a, -um: *infinite*

īnfōrmis, -e: *ugly*

īnsuperābilis, -e: *unconquerable*

intolerābilis, -e: *intolerable, irresistible*

mūtābilis, -e: *changeable, fickle*

nāsus, -ī: *nose*

oportet (impersonal verb + infin.): *it is
  necessary to, one should*

plēnus, -a, -um: *full*

praetereā (adv.): *besides*

prōmittō, -ere, prōmīsī, prōmissum:
  promise

prūriō, -īre: *itch*

solidus, -a, -um: *firm*

sūcus, -ī: *juice*

superbus, -a, -um: *proud*

tālis, –e: *such*

varius, -a, -um: *varied, changeable*

ventus, -ī: *wind*

VI

PUGNAX MILES
EDAX PARASITUS
BALLIO LENO
MARCUS ADULESCENS

PUGNAX: Ego Pugnāx sum, mīles glōriōsus, et fortis et superbus…

EDAX: …et pulcher et lepidus et īnsuperābilis et intolerābilis!

PUGNAX: Multās urbēs vīcī, ē quibus multam pecūniam cēpī, quam lēnōnī prō meretrīculā pulchrā nunc dedī.

EDAX: Fortūnāta est ea quam Pugnāx amābit!

(Intrat Balliō.)

BALLIO: Illam meretrīculam tibi habeō, mī amīce, quam tibi prōmīsī.

EDAX: Vērē pulchra est virgō illa. Flōs ipse aetātis! Color vērus, corpus solidum et sūcī plēnum!

PUGNAX: Fortūnāta est. Ego enim praeclārus amātōr virginum sum. Haec sunt bella quae mē maximē dēlectant. Age age! Dūc mē ad eam! Nam prūriō!

(Exeunt Pugnāx et Balliō.)

EDAX: Parasītus ego sum mīlitis glōriōsī quī mē semper ad cēnam vocat. Verba mea nōn sunt vēra, sed istum dēlectant, itaque mē dīligit. Stultōrum īnfīnītus est numerus!

MARCUS: Ego quoque in hoc numerō sum, quī puellam perfidiōsam perditē stultus amō. Nam verba quae puella amātōrī dīcit in ventō et aquā scrībere oportet. Varium et mūtābile semper fēmina!

EDAX: Quid tē sollicitat? Iste mīles īnfōrmis et illepidus est, et praetereā hircus gravis in ālīs hirsūtīs vīvit. Nēmō tālem amāre potest.

MARCUS: Sed pecūniam habet, quae sōla apud puellās valet. Lēna scelesta Auriculam meam corrūpit. Numquam igitur poētam sine pecūniā amābit.

EDAX: Immō omnēs puellae perditē tē amant. Nam fortis et pulcher et lepidus es.

MARCUS: Hic callidus omnia intellegit. Vērē Auricula mea semper fidēlis erit. Nulla lēna eam corrumpere poterit.

EDAX: Sed quid sentiō? Tōtus nāsus ego sum. Ēice cūrās cēnā, mī amātōr. Nam vīta sine cibō mors est.

MARCUS: Vēra dīcis. Nunc cēnābis bene, mī amīce, apud mē.

EDAX: Quam pulchrē dīxisti!

(Exeunt.)

bāsiō (1): *kiss*

dolus, -ī: *plot, trick*

dōs, dōtis (f.): *dowry*

hīc (adv.): *here*

līberālis, -e: *freeborn, honorable, generous*

nōbilis, -e: *noble*

nōbilissimus, -a, -um: *most noble*

opportūnē (adv.): *opportunely, in the nick of time*

opprimō, -ere, oppressī, oppressum: *overwhelm*

ornātus, -a, –um (perf. part. ornō): *adorned, dressed up*

papae (exclam.): *wow!*

pectus, -oris (n.): *chest, breast*

peregrīnus, -ī: *foreigner, stranger*

pēs, pedis (m.): *foot*

plānē (adv.): *clearly*

quaerō, quaerere, quaesīvī, quaesītum: *seek*

reddō, -ere, reddidī, redditum: *give back, restore*

salveō, -ēre: *be well* (used in greetings)

spēs, -eī (f. 5th decl.): *hope*

turpissimē (sup. adv.): *in a most ugly way, most shamefully*

uxor, -ōris (f.): *wife*

viduus, -a, –um: *widowed, of a widow*

PUGNAX MILES
BALLIO LENO
DOLIA SERVA

PUGNAX:	Ubi est virgō mea, lēnō perfidiōse?
BALLIO:	Si eam invēnerō, eam pulchrē verberābō.
PUGNAX:	Immō nisi eam invēneris, ego tē turpissimē verberābō.
BALLIO:	Quid tē sollicitat? Meretrīculam tuam statim ad tē dūcam.

(Exit Balliō; intrat Dolia ōrnāta.)

DOLIA:	Quam misera sum! Virum meum nōbilem mors scelesta oppressit. Nunc dīves sed sōla sum; habeō hīc nēminem, pecūniam sōlam. Quis sine amīcitiā beātus esse potest? Quae mihi manet vīta? Cuius uxor erō? Cui vidēbor pulchra? Quem nunc amābō? Quem bāsiābō? Cui dōtem dabō? Sed quid videō? Quis est hic Herculēs? Immō Iuppiter ipse vidētur! Quod corpus habet, quod pectus, quōs pedēs!
PUGNAX:	Quis mē quaerit? Papae! Quam lepida et līberālis vidētur! Quam vēra dīcit! Plānē nōbilissima est. Salvē domina! Mīlesne fortis tē adiuvāre potest?
DOLIA:	Opportūnē vēnistī, peregrīne pulcher! Nunc spēs virī praeclārī mihi datur. Valē vīta viduae! Venī sine morā apud mē, mī mīles!
PUGNAX:	Valēte meretrīculae! Uxōrem nōbilissimam statim dūcam.
DOLIA:	(Lepus lepidē captus est. Hodiē Doliae dolīs Pseudolus servus servātus est. Amīcus meus grātiās magnās mihi aget; ego autem dīves ā mīlite erō.)

(Exeunt.)

aduncus, -a, um: *hooked*

faciēs, -ēī (f. 5th decl.): *face*

hilaritās, -tātis (f.): *cheerfulness*

ignārus, -a, -um (+ gen.): *ignorant (of)*

illepidus, -a, -um: *uncharming, rude*

immortālis, -e: *immortal*

impellō, -ere, impulī, impulsum: *drive, impel*

impulsus, -a, -um (perf. part. impellō): *driven, impelled*

insolitus, -a, -um: *unusual, unaccustomed*

lāna, -ae: *wool*

lupus in fābulā: *speak of the devil*

prius (adv.): *before, first*

restis, -is (f.): *rope*

rūfus, -a, -um: *red*

spondeō, -ēre, spopondī, spōnsum (+ dat.): *betroth (to)*

suspendō, -ere, suspendī, suspēnsum: *hang*

SILEX SENEX
MARCUS ADULESCENS

SILEX: Quam fortūnātus sum, quī tālem fīlium habeō! Omnēs nātūram mōrēsque eius laudant. Hāc fāmā impulsus, ipse Malacus, homō et dīves et nōbilis, ad mē vēnit, et fīliam suam cum dōte magnā fīliō meō uxōrem spopondit.

(Intrat Marcus.)

Lupus in fābulā! Ecce, Marcum ipsum videō!

MARCUS: Salvē, mī pater!

SILEX: Salvē, mī fīlī!

MARCUS: Quid agitur? Cūr ex agrīs ad urbem hodiē vēnistī? Quae causa tē nunc ad hanc insolitam hilaritātem impulit?

SILEX: Beātus sum, et tū beātus es. Nam fīlia magnī Malacī hodiē uxor tibi dabitur.

MARCUS: Miser sum! Quid faciam?

SILEX: Quid tē sollicitat?

MARCUS: Ista illepida puella, quae rūfam faciem, aduncum nāsum, magnōs pedēs habet, ista mē sollicitat. Nōn possum, pater! Et praetereā...

SILEX: Quid?

MARCUS: Aliam amō.

SILEX: Dī immortālēs! Quem?

MARCUS: Puella quam amō pulchra et līberālis est, ignāra malārum artium. Numquam dē voluptātibus cōgitat, sōlum dē lānā.

SILEX SENEX   MARCUS ADULESCENS

SILEX: Sī haec sunt vēra, fortūnātus es. Nam puellae bonae rārae sunt. Ubi vīvit?

MARCUS: Ibi.

SILEX: Quid? Apud lēnōnem? Meretrīx igitur est!

MARCUS: Sed pater…

SILEX: Tacē! Fīlius meus nunc nōn es! Neque pecūniam meam neque agrōs habēbis, puer perfidiōse!

(Exit Silex.)

MARCUS: Quam miser sum! Mē statim suspendam. Sed prius restem dēbeō emere.

(Exit Marcus; intrat Malacus.)

abhinc (prep. + acc.): *ago*

āmittō, -ere, āmīsī, āmissum: *lose*

ānulus, -ī: *ring*

aptus, -a, -um: *fitting, suitable*

auricula, -ae: *earlobe*

cārior, -ius: *dearer, more expensive*

decem (indecl.): *ten*

dēnique (adv.): *at last*

ēdūcō, -ere, ēdūxī, ēductum: *bring up, educate*

flūctus, -ūs: *wave*

mortuus, -a, -um: *dead*

nāvis, -is (f.): *ship*

perflō (1): *blow over*

plācō (1): *calm*

poscō, -ere, poposcī: *ask for, demand*

postquam (conj.): *after, when*

praebeō, -ēre, praebuī, praebitum: *offer*

praemium, -iī: *reward*

quandō (adv.): *when*

sīdus, -eris (n.): *constellation, star*

subitō (adv.): *suddenly*

tempestās, -tātis (f.): *storm*

MALACUS SENEX
BALLIO LENO
AURICULA MERETRIX

MALACUS: Senex obscēnus sum. Omnēs puellās amō. Venīte ad mē, columbae meae, nam dīves sum, et puellae pulchrae praemia poscentī pecūniam praebēre possum. Sed ubi est iste impudīcus?

(Intrat Balliō.)

BALLIO: Quis mē vocat? Salvē Malace! Quid hodiē dēsīderās?

MALACUS: Puellam dēsīderō.

BALLIO: Novam meretrīculam tibi habeō.

MALACUS: Pulchrane est?

BALLIO: Mē rogās? Quem colōrem vidēbis! Quod corpus tangēs! Pectus quam aptum premī! Eam ad tē mittam.

(Exit Balliō; intrat Auricula.)

MALACUS: Vērē pulchra est! Multa pecūniā ā mē eī dabitur. Mea vīta, mea columba, mea voluptās, mī passer, perditē tē amō, mea… quō nōmine vocāris?

AURICULA: Auriculam mē vocant.

MALACUS: Auricula mea, auriculam tuam manumque bāsiāre dēsīderō!

(Manum Auriculae rapit.)

Quid videō? Ā quō hic ānulus tibi datus est?

AURICULA: Ā patre meō.

MALACUS: Quid dīcis? Quandō eum tibi dedit?

AURICULA: Mihi parvae eum dedit.

MALACUS: Ubi est pater tuus?

AURICULA: Marī oppressus mortuus est.

MALACUS: Quandō?

AURICULA: Abhinc decem annōs.

MALACUS: Quō nōmine vocābātur?

AURICULA: Dēmētrius Flāminius Magnus nōmen eius erat. Sed amīcī eum vocābant Malacum.

MALACUS: Dī immortālēs! Fīlia mea es!

AURICULA: Quid dīcis?

MALACUS: Abhinc decem annōs, ad Siciliam nāvigāns, fīliam parvam propter tempestātem āmīsī. Istō diē ventī mare perflābant et flūctūs ad sīdera tollēbant. Subitō fīlia mea ab oculīs meīs ērepta est. Postquam flūctūs plācātī sunt, nōn erat in nāve; nēmō eam invenīre potuit.

AURICULA: Ō mī pater! Rapta ventīs, ducta per flūctūs ad terram, ēducta ab lēnā, empta ab lēnōne, dēnique tua invenior!

MALACUS: Dīs omnibus grātiās agō! Hodiē vīta mea mihi redditur! Sed quid dīcō? Nunc dōtem dare dēbeō. Cāra est meretrīcula, sed fīlia cārior.

(Exeunt; intrat Malacus.)

43

accubō (1): *recline at table*

attat (exclam.): *whoops!*

avāritia, -ae: *greed, avarice*

bibō, -ere, bibī: *drink*

cārissimus, -a, -um: *dearest, very dear, very expensive*

corōna, -ae: *crown, garland* (worn at parties)

crēdō, -ere, crēdidī, crēditum: *trust, believe*

duo, duae, duo: *two*

inrūctō (1): *belch (at)*

invītus, -a, -um: *against one's will*

mēns, mentis (f.): *mind*

plausus, –ūs: *clapping, applause*

rūctus, -ūs: *belch*

sōbrius, -a, -um: *sober*

spectātor, -ōris (m.): *spectator*

surgō, -ere, surrēxī, surrēctum: *rise, get up*

tōtā viā (abl. of separation): *way off track*

MALACUS SENEX
BALLIO LENO

MALACUS:	Attat! Vīnum quod bibī mē vīcit! Dum accubābam quam pulchrē sōbrius mihi esse vidēbar! Sed postquam surrēxī neque pēs neque mēns satis suum officium facit. Balliō! Ubi est iste impudīcus?

(Intrat Balliō.)

BALLIO:	Senex obscēnus mē vocat. Sed quid hoc? Quid videō?
MALACUS:	Cum corōnā ēbrium Malacum tuum.
BALLIO:	Quid? Cūr, sceleste, in faciem meam ēbrius inrūctās?
MALACUS:	Dulcis rūctus meus est.
BALLIO:	Tibi sīc vidētur. Sed quid agitur?
MALACUS:	Marcus adulēscēns fīliam meam uxōrem hodiē dūxit.
BALLIO:	Istam illepidam puellam? Quam fortūnāta est, quae virum nōbilem invēnit!
MALACUS:	Vērē haec illepida est; sed illa quam dūxit flōs est ipse aetātis.
BALLIO:	Quid? Duāsne fīliās habēs?
MALACUS:	Herī ūnam sōlam habēbam, hodiē duās. Nam alteram hīc invēnī.
BALLIO:	Quid "hīc"?
MALACUS:	Hīc apud tē.
BALLIO:	Fābulae! Tua fīlia apud lēnōnem? Nōn potest!
MALACUS:	Sed ipse eam in manūs meās dedistī.

MALACUS SENEX   BALLIO LENO

BALLIO: Auriculamne dīcis? Illa meretrīcula mea est! Multam pecūniam prō eā dedī, nam virgō pulchra et casta est.

MALACUS: Quam fortūnātus est Marcus! Vērē dī omnēs eum amant.

BALLIO: Et mē quoque amant. Nam nunc fīlia tua tibi emenda est, et ego dīves erō.

MALACUS: Hahahae! Sī hoc crēdis, tōtā errās viā. Satisne sānus es? Hodiē eam ēmī, nam dōtem dedī. Tū igitur numquam ā mē dīves eris.

BALLIO: Ō scelus impudīcum! Ō dī immortālēs! In quā urbe vīvimus? Cūr tū potes meam habēre prō quā ego pecūniam dedī?

MALACUS: Quod cīvis est, mī amīce, itaque lībera.

BALLIO: Quam miser sum! Meretrīcem cārissimam āmīsī.

MALACUS: Nūlla avāritia sine poenā est. Sed nunc īrā plācātā venī mēcum et bibe. Nam vīnum omnia vincit.

BALLIO: Invītum mē trahis.

MALACUS: Et dūc tēcum aliam meretrīculam mihi, tē amābō.

Spectātōrēs, fābula haec est acta; vōs plausum date.

(Exeunt.)

ALLUSIONS TO ANCIENT WORKS

Scene I

Satisne sana es? *Cf. Terence,* Adelphi *937.*

Scene II

Mea vīta… mī lepus. *Cf. Plautus,* Casina *134-8.*

Dā mihi bāsia mille, deinde centum, deinde… *Cf. Catullus 5.7.*

Plūs quam oculōs meōs tē amō. *Cf. Plautus, Miles 984; Terence,* Adelphi *701, 903; Catullus 3.5.*

Scene III

This scene is based on Plautus, Pseudolus *359-68 (a young man heaps abuse on a pimp).*

Nunc ego istum differam verbīs meīs. *Cf. Plautus,* Pseudolus *359.*

Līlia mihi dās… Rosīs mē spargis. *Cf. Aristophanes,* Clouds *910-11.*

Rādīx malōrum est cupiditās. *Cf. I Timothy 6.10.*

Scene IV:

The saucy slave who promises to extricate his master from romantic difficulties often appears in the plays of Plautus (e.g. Bacchides, Pseudolus*).*

Cūr lacrimās, domine? Vīvēs. *Cf. Plautus,* Pseudolus *96.*

Cūr haec tē cūra sollicitat? *Cf. Cicero,* Brutus *331.*

Scene V:

This scene is based on Ovid, Amores *1.8 (a drunken old woman attempts to corrupt the poet's girlfriend). Cf. also Plautus,* Mostellaria *157ff. and* Cistellaria *43-5.*

Nōn amō tē Balliō, et possum dīcere qūarē. *Cf. Martial 1.32.*

Quid enim…iste tuus poēta? *Cf. Ovid,* Amores *1.8.57-8.*

Oculōs istīus capillōsque ēripiam! *Cf. Ovid,* Amores *1.8.110-12.*

Carpe diem. *Cf. Horace,* Odes *1.11.8.*

Tempus fugit. *Cf. Vergil,* Georgics *3.284.*

Carpe viam. *Cf. Vergil,* Aeneid *6.629; Horace,* Satires *2.6.93.*

Casta est ea quam nēmō rogavit. *Cf. Ovid,* Amores *1.8.43.*

Nihil… vīta mortālibus dat. *Cf. Horace,* Satires *1.9.59-60.*

Ego tē pulchrē ōrnābō vulneribus. *Cf. Plautus,* Rudens *730.*

Scene VI:

For the mīles glōriōsus, *cf. especially Plautus' play of that name.*

Color vērus… sūcī plēnum. *Cf. Terence,* Eunuchus *318.*

Parasītus ego sum. *Cf. Plautus,* Bacchides *573-4.*

Stultōrum īnfīnītus est numerus! *Cf. Ecclesiastes 1.15.1.*

Verba quae puella… scrībere oportet. *Cf. Catullus 70.3-4.*

Varium et mūtābile semper fēmina. *Cf. Vergil,* Aeneid *4.569.*

Vīta… mors est. *Cf. Cicero,* De Re Publica *6.14.*

Tōtus nāsus. *Cf. Catullus 13.14.*

Cēnābis bene apud mē. *Cf. Catullus 13.1.*

Pulchrē dīxisti. *Cf. Terence,* Phormio *302.*

Scene VII:

In Roman comedy, schemes are often accomplished by means of disguise (e.g. Plautus, Casina *and Terence,* Eunuchus*).*

Sōla sum; habeō hīc nēminem. *Cf. Terence,* Eunuchus *147-8, Adelphi 291.*

Quae mihi manet vīta? …Quem bāsiābō? *Cf. Catullus 8.15-18.*

Scene VIII:

This scene draws on Terence, Andria *86ff. (a complacent father congratulates himself on the advantageous match he has made for his son).*

Hāc fāmā impulsus… spopondit. *Cf. Terence,* Andria *99-102.*

Quae causa tē nunc… impulit? *Cf. Cicero,* De Oratore *2.361.*

Ista illepida… nāsum. *Cf. Terence,* Heauton *1061-2.*

Ignāra artium malārum. *Cf. Sallust,* Catiline *3.4.*

Restem dēbeō emere. *Cf. Plautus,* Pseudolus *88.*

Scene IX:

Quem colōrem… quam aptum premī! *Cf. Ovid,* Amores *1.5.19-20.*

Flūctūs ad sīdera tollēbant. *Cf. Vergil,* Aeneid *1.103.*

Scene X:

This scene is based on Terence, Eunuchus *727ff. (a young man delivers a drunken monologue) and Plautus,* Pseudolus *1285ff. (a drunken slave humiliates his master).*

Attat!… officium facit. *Cf. Terence,* Eunuchus *727–9.*

Cum corōnā ēbrium Malacum tuum. *Cf. Plautus,* Pseudolus *1287.*

Quid? Cūr... inrūctās? *Cf. Plautus*, Pseudolus *1295*.

Dulcis rūctus meus est. *Cf. Plautus*, Pseudolus *1301*.

Tōtā errās viā. *Cf. Terence*, Eunuchus *245*.

Ō dī immortālēs! In quā urbe vīvimus? *Cf. Cicero*, In Catilinam *1.4.9*.

Cūr tū potes... dedī? *Cf. Terence*, Adelphi *179*.

Nūlla avāritia sine poenā est. *Cf. Seneca*, Epistulae *115.16*.

Spectātōrēs... vōs plausum date. *Cf. Plautus*, Mostellaria *1181 (similar formulas are used at the end of many Roman comedies)*

VOCABULARY

A

ā: see ab

ab (prep. + abl.): *from, by*

abhinc (prep. + acc.): *ago*

accipiō, -ere, accēpī, acceptum: *take, accept*

accubō (1): *recline at table*

ad (prep. + acc.): *to, towards*

adiuvō, –āre, adiūvī, adiūtum: *help*

adulēscēns, -entis (m.): *young man*

aduncus, -a, um: *hooked*

aetās, -tātis (f.): *age, life*

ager, agrī: *field*

agō, -ere, ēgī, āctum: *do, drive*; grātiās agō: *thank*; age age: *come on!*

āla, -ae: *wing, armpit*

alius, alia, aliud: *other, another*

alter, altera, alterum: *the other* (of two)

amārus, -a, -um: *bitter*

amātor, -ōris (m.): *lover*

amīca, -ae: *friend* (female), *girlfriend*

amīcitia, -ae: *friendship*

amīcus, -ī: *friend* (male), *boyfriend*

āmittō, -ere, āmīsī, āmissum: *lose*

amō (1): *love*; tē amābō: *please*

amor, -ōris (m.): *love*

anīlis, –e: *old* (used of women)

animus, -ī: *soul, spirit*

annus, -ī: *year*

ānulus, -ī: *ring*

aptus, -a, -um: *fitting, suitable*

apud (prep. + acc.): *among, at the house of*

aqua, -ae: *water*

ars, artis (f.): *skill*

attat (exclam.): *whoops!*

audiō, -īre, audīvī, audītum: *hear*

auricula, -ae: *earlobe*

autem (conj.): *but, however, moreover*

avāritia, -ae: *greed, avarice*

B

bāsiō (1): *kiss*

bāsium, -ī: *kiss*

beātus, -a, -um: *happy, fortunate*

bellum, -ī: *war*

bēstia, -ae: *beast*

bibō, -ere, bibī: *drink*

bonus, -a, -um: *good*

C

caenum, -ī: *filth, slime*

callidus, -a, -um: *clever, crafty*

capillī, -ōrum (m. pl.): *hair*

capiō, -ere, cēpī, captum: *take, capture*; cōnsilium capere: *make a plan*

cārior, -ius (comp. of cārus): *dearer, more expensive*

cārissimus, -a, -um: (sup. of cārus): *dearest, very dear, very expensive*

carmen, -inis (n.): *song, poem*

carpō, -ere, carpsī, carptum: *seize, pluck, make the most of*

cārus, -a, -um: *dear, expensive*

castus, -a, -um: *chaste*

celeritās, -tātis (f.): *speed*

cēlō (1): *hide*

cēna, -ae: *dinner*

centum (indecl.): *a hundred*

certus, -a, -um: *certain, sure, reliable*

cīvis, -is (m. or f.): *citizen*

cibus, -ī: *food*

cōgitō (1): *think*

color, -ōris (m.): *color, complexion*

columba, -ae: *dove*

cōnsilium, -iī: *advice, plan;* cōnsilium capere: *make a plan*

corōna, -ae: *crown, garland* (worn at parties)

corpus, -oris (n.): *body*

corrumpō, -ere, corrūpī, corruptum: *corrupt*

crās (adv.): *tomorrow*

crēdō, -ere, crēdidī, crēditum: *trust, believe*

cum (prep. + abl.): *with*

cupiditās, -tātis (f.): *desire, avarice*

cūr (adv.): *why*

cūra, -ae: *care, anxiety*

D

dē (prep. + abl.): *from, about, concerning*

dēbeō, -ēre, dēbuī, dēbitum: *owe, ought, must*

decem (indecl.): *ten*

deinde (conj.): *then, next*

dēlectō (1): *delight*

dēnique (adv.): *at last*

dēsīderō (1): *want, desire*

dēsinō, -ere, dēsiī, dēsitum: *stop*

deus, -ī: *god*

dīcō, -ere, dīxī, dictum: *say*

diēs, -ēī (m.): *day*

differō, differre, distulī, dīlātum: *tear apart, defame*

dīligō, -ere, dīlēxī, dīlēctum: *esteem, love*

dīves, -itis: *rich*

dō, dare, dedī, datum: *give*

dolus, -ī: *plot, trick*

domina, -ae: *mistress* (of a household), *slave-mistress*

dominus, -ī: *master* (of a household), *slave-master*

dōs, dōtis (f.): *dowry*

dūcō, -ere, dūxī, ductum: *lead, take as a wife*

dulcis, -e: *sweet*

dum (conj.): *while*

duo, duae, duo: *two*

E

ē: see ex

ēbrius, -a, -um: *drunk*

ecce (exclam.): *look!*

edō, -ere, ēdī, ēsum: *eat*

ēdūcō, -ere, ēdūxī, ēductum: *lead out, bring up, educate*

egō, meī: *I, me*

ēiciō, -ere, ēiēcī, ēiectum: *throw out, drive out*

ēmeritus, -a, -um: *retired*

emō, -ere, ēmī, emptum: *buy*

enim (conj.): *for*

ēripiō, -ere, ēripuī, ēreptum: *tear out, snatch away*

errō (1): *wander, make a mistake*

et (conj.): *and;* et...et: *both...and*

ex (prep. + abl.): *from, out of*

exeō, -īre, exiī, exitum: *go out, exit*

F

fābula, -ae: *story, play;* fābulae, –ārum: *nonsense!*

faciēs, -ēī: *face*

faciō, -ere, fēcī, factum: *do, make*

factum, -ī: *deed*

fāma, -ae: *reputation, fame*

fēmina, -ae: *woman*

fidēlis, -e: *faithful*

fīlia, -ae: *daughter*

fīlius, -iī: *son*

flōs, flōris (m.): *flower*

flūctus, -ūs: *wave*

fortis, -e: *strong, brave*

fortūnātus, -a, -um: *fortunate*

fraudulentus, -a, -um: *fraudulent, cheating*

fugiō, -ere, fūgī, fugitum: *flee, run away*

fugitīvus, -ī: *runaway slave*

fūr, fūris (m. or f.): *thief*

furcifer, -erī: *jail-bird, crook* (one punished with the furca or "yoke")

G

glōriōsus, -a, -um: *glorious, boastful*

grātia, -ae: *favor, gratitude* ; grātiās agō: *thank*

grātus, -a, um: *pleasing*

grātīs (adv.): *for free, for nothing*

gravis, -e: *heavy, serious*

H

habeō, -ēre, habuī, habitum: *have*

hahahae (exclam.): *ha ha!*

Herculēs, -is: *Hercules* (a famous Greek hero)

heu (exclam.): *alas!*

hīc (adv.): *here*

hic, haec, hoc: *this*

hilaritās, -tātis (f.): *cheerfulness*

hircus, -ī: *billy-goat*

hirsūtus, -a, -um: *hairy*

hodiē (adv.): *today*

homō, -inis (m.): *human being, person*

hōra, -ae: *hour*

I

ibi (adv.): *there*

īdem, eadem, idem: *the same; also*

igitur (conj.): *therefore*

ignārus, -a, -um (+ gen.): *ignorant (of)*

ille, illa, illud: *that*

illepidus, -a, -um: *uncharming, rude*

immō (adv.): *on the contrary*

immortālis, -e: *immortal*

impellō, -ere, impulī, impulsum: *drive, impel*

impudīcus, -a, -um: *shameless*

īnfīnītus, -a, -um: *infinite*

īnfōrmis, -e: *ugly*

inrūctō (1): *belch (at)*

insolitus, -a, -um: *unusual, unaccustomed*

īnsuperābilis, -e: *unconquerable*

intellegō, -ere, intellēxī, intellectum: *understand*

intolerābilis, -e: *intolerable, irresistible*

intrō (1): *enter*

inveniō, -īre, invēnī, inventum: *find*

invītus, -a, -um: *against one's will*

ipse, ipsa, ipsum: *himself, herself, itself*

is, ea, id: *he, she, it, that*

iste, ista, istud: *that* (often contemptuous)

itaque (conj.): *therefore*

Iuppiter, Iovis: *Jupiter* (the king of the gods)

L

labor, -ōris (m.): *work*

lacrimō (1): *cry, weep*

lāna, -ae: *wool*

laudō (1): *praise*

lēna, -ae: *procuress, madame*

lēnō, -ōnis (m.): *pimp*

lepidus, -a, -um: *charming*

lepus, -oris (m.): *hare, bunny–rabbit*

līber, lībera, līberum: *free*

līberālis, -e: *freeborn, honorable, generous*

līlium, -iī: *lily*

lūdō, -ere, lūsī, lūsum: *play*

lupus, -ī: wolf ; lupus in fābulā: *speak of the devil*

M

magnus, -a, -um: *great*

malus, -a, -um: *bad, evil*

maneō, -ēre, mānsī, mānsum: *remain, stay, last*

manus, -ūs (f.): *hand*

mare, -is (n.): *sea*

māter, –tris (f.): *mother*

maximē (adv.): *most of all, especially*

mellilla, -ae (from mel, mellis): *little honey*

mēns, mentis (f.): *mind*

meretrīcula, -ae (from meretrīx, –īcis): *little whore*

meretrīx, -īcis (f.): *prostitute*

meus, -a, -um: *my*

mī: masc. voc. sing. of meus

mihi (dat. of ego): *to me, for me*

mīles, -itis (m.): *soldier*

mille (indecl.): *a thousand*

miser, -era, -erum: *miserable, wretched*

mittō, -ere, mīsī, missum: *send*

mora, -ae: *delay*

mors, mortis (f.): *death*

mortālis, -e: *mortal*

mortuus, -a, -um: *dead*

mōs, mōris (m.): habit ; pl. *character*

mox (adv.): *soon*

multus, -a, -um: *much;* pl. *many*

mūtābilis, -e: *changeable, fickle*

N

nam (conj.): *for*

nāsus, -ī: *nose*

nātūra, -ae: *nature*

nāvigō (1): *sail*

nāvis, -is (f.): *ship*

-ne: enclitic added to emphatic word at beginning of a question

nēmō, nūllīus (m.): *no one*

neque (conj.): *and not, nor;* neque…neque: *neither…nor*

nihil (indecl.): *nothing*

nisi (conj.): *if… not, unless*

nōbilis, -e: *noble*

nōbilissimus, -a, -um (sup. of nōbilis): *most noble*

nōmen, -inis (n.): *name*

nōn (adv.): *not*

novus, -a, -um: *new*

nox, noctis (f.): *night*

nūllus, -a, -um: *no, not any*

numerus, -ī: *number*

numquam (adv.): *never*

nunc (adv.): *now*

O

obscēnus, -a, -um: *disgusting, filthy, obscene*

occīdō, -ere, occīdī, occīsum: *kill*

oculus, -ī: *eye*

officium, -iī: *duty*

omnis, -e: *every, all*

oportet (impersonal verb + infin.): *it is necessary to, one should*

opportūnē (adv.): *opportunely, in the nick of time*

opprimō, -ere, oppressī, oppressum: *overwhelm*

ōrnō (1): *equip, adorn, dress up*

P

papae (exclam.): *wow!*

parasītus, -ī: *sycophant, hanger-on*

parēns, -entis (m. or f.): *parent*

parricīda, -ae: *parricide*

passer, -eris (m.): *small bird, sparrow*

pater, -tris (m.): *father*

paucī, -ae, -a: *few, a few*

pectus, -oris (n.): *chest, breast*

pecūnia, -ae: *money*

perditē (adv.): *desperately*

perdō, -ere, perdidī, perditum: *destroy, lose*

peregrīnus, -ī: *foreigner, stranger*

perfidiōsus, -a, -um: *treacherous*

perflō (1): *blow over*

pergō, -ere, -perrēxī, perrēctum: *continue, go on*

periūrus, -a, -um: *oath-breaking, lying*

permultus, -a, -um: *very much, very many*

perniciēs, -ēī: *destruction, ruin*

pēs, pedis (m.): *foot*

plācō (1): *calm*

plānē (adv.): *clearly*

plausus, –ūs: *clapping, applause*

plēnus, -a, -um: *full*

plūs quam: *more than*

poena, -ae: *penalty*

poēta, -ae (m.): *poet*

poscō, -ere, poposcī: *ask for, demand*

possum, posse, potui: *be able*

postquam (conj.): *after, when*

praebeō, -ēre, praebuī, praebitum: *offer*

praeclārus, -a, -um: *famous, exceptional*

praemium, -iī: *reward*

praeter (prep. + acc.): *besides*

praetereā (adv.): *besides*

premō, -ere, pressī, pressum: *press*

prius (adv.): *before, first*

prō (prep. + abl.): *on behalf of, in return for*

prōmittō, -ere, prōmīsī, prōmissum: *promise*

propter (prep. + acc.): *because of*

prūriō, -īre: *itch*

putō (1): *think*

pudīcitia, -ae: *chastity*

puella, -ae: *girl*

puer, -ī: *boy*

pulcher, -chra, -chrum: *pretty*

pulchrē (adv.): *beautifully, finely*

Q

quaerō, quaerere, quaesīvī, quaesītum: *seek*

quam (adv.): *how*

quandō (adv.): *when*

quantus, -a, -um: *how much*

quārē (adv.): *why*

-que (eclitic conj.): *and*

quī, quae, quod (rel. pron. or interrog. adj.): *who, which, what, what sort of*

quis, quid (interrog. pron.): *what*

quod (conj.): *because*

quoque (adv.): *too, also*

R

rādīx, -īcis (f.): *root*

rapiō, -ere, rapuī, raptum: *seize*

rārus, -a, -um: *rare*

ratiō, -ōnis (f.): *reason*

reddō, -ere, reddidī, redditum: *give back, restore*

repellō, -ere, reppulī, repulsum: *drive back, repel*

restis, -is (f.): *rope*

rogō (1): *ask (for)*

rosa, -ae: *rose*

rūctus, -ūs: *belch*

rūfus, -a, -um: *red*

S

saepe (adv.): *often*

salveō, -ēre: *be well* (used in greetings)

sānus, -a, -um: *healthy, sane*

sapientia, -ae: *wisdom, skill*

satis (adv.): *enough*

scelestus, -a, -um: *wicked*

scelus, -eris (n.): *crime*

sciō, -īre, scīvī, scītum: *know*

scrībō, -ere, scrīpsī, scrīptum: *write*

sē, suī (3rd pers. reflex. pron.): *himself, herself, itself*

sed (conj.): *but*

semper (adv.): *always*

senex, senis (m.): *old man*

serva, -ae: *slave* (female)

servō (1): *preserve, save*

servus, -ī: *slave* (male)

sī (conj.): *if*

sīc (adv.): *thus, like this*

Sicilia, -ae: *Sicily*

sīdus, -eris (n.): *constellation, star*

sine (prep. + abl.): *without*

sōbrius, -a, -um: *sober*

solidus, -a, -um: *firm*

sollicitō (1): *disturb, bother*

sōlum (adv.): *only*

sōlus, -a, -um: *alone, lonely*

spargō, -ere, sparsī, sparsum (+ abl.): *scatter, sprinkle (with)*

spectātor, -ōris (m.): *spectator*

spēs, -eī : *hope*

spondeō, -ēre, spopondī, sponsum (+ dat.): *betroth (to)*

statim (adv.): *at once, immediately*

stultus, -a, -um: *foolish, stupid*

subitō (adv.): *suddenly*

sūcus, -ī: *juice*

sum, esse, fuī, futūrus: *to be*

superbus, -a, -um: *proud*

surgō, -ere, surrēxī, surrēctum: *rise, get up*

suspendō, -ere, suspendī, suspēnsum: *hang*

T

taceō, -ēre, tacuī, tacitum: *be quiet*

tālis, -e: *such*

tangō, -ere, tetigī, tāctum: *touch*

tempestās, -tātis (f.): *storm*

tempus, -oris (n.): *time*

tollō, -ere, sustulī, sublātum: *lift up*

tōtus, -a, -um: *whole, entire, all*

trahō, -ere, trāxī, tractum: *draw, drag*

trāns (prep. + acc.): *across*

tū, tuī: *you* (sing.)

tum (adv.): *then*

turpissimē (sup. adv.): *in a most ugly way, most shamefully*

tuus, -a, -um: *your, yours* (sing.)

U

ubi (adv.): *where*

ūnus, -a, -um: *one*

urbs, urbis (f.): *city*

uxor, -ōris (f.): *wife*

V

valeō, -ēre, valuī: *be strong, prevail*; valē (imper.): *farewell*

varius, -a, -um: *varied, changeable*

vēlōciter (adv.): *quickly*

veniō, -īre, vēnī, ventum: *come*

ventus, -ī: *wind*

verberō (1): *whip*

verbum, -ī: *word*

vērē (adv.): *truly*

vertō, -ere, vertī, versum: *turn*

vērus, -a, -um: *true*

vester, -tra, -trum: *your, yours* (pl.)

via, -ae: *road, way*

viduus, -a, –um: *widowed, of a widow*

videō, -ēre, vīdī, vīsum: *see*

vincō, -ere, vīcī, victum: *conquer*

vīnum, -ī: *wine*

vir, virī: *man, husband*

virgō, -inis (f.): *virgin, unmarried girl*

virtus, -tutis (f.): *virtue*

vīta, -ae: *life*

vīvō, -ere, vīxī, victum: *live*

vocō (1): *call*

volō (1): *fly*

voluptās, -tātis (f.): *pleasure, delight*

vōs, vestrum/vestrī: *you* (pl.)

vulnus, -eris (n.): *wound*